近年、各地で集中豪雨による被害が相次いでいます。埼玉県でも昨年10月、「令和元年東日本台風（台風19号）」により、「死者4人、負傷者33人、住家被害7,000棟以上」の被害が発生しました。そして今年7月にも、九州地方や東北地方で記録的な大雨に見舞われました。
　もはや「記録的な大雨」は、いつ来てもおかしくありません。これまでの災害を教訓にした効果的な「備え」や避難方法を紹介します。あなたと、あなたの大切な人のために本書をご活用ください。

「記録的な大雨」が頻発

JN073726

迫る河川の氾濫・土砂災害

土砂が崩れ、樹木とともに道路に流れ込んだ
（2019年10月13日、入間市新久）埼玉新聞

台風19号で水没する車（2019年10月12日、川越市寺尾）埼玉新聞

近年の主な風水害

平成26年8月豪雨

京都府福知山市に大規模な洪水被害が発生し、広島県広島市や兵庫県丹波市に大規模な土砂災害をもたらす。死者84人、負傷者75人、建物等被害約4,000棟以上。

平成29年7月九州北部豪雨

「線状降水帯」が形成され福岡県、大分県を中心に記録的な大雨となり、大規模な土砂災害が発生。死者・行方不明者42人、被害家屋約1,600棟以上。

平成30年7月豪雨（西日本豪雨）

1府10県で「大雨特別警報」が発表され、中国、近畿地方などで48時間・72時間雨量が観測史上1位を記録。死者・行方不明者245人、負傷者433人、被害家屋約52,000棟。

もくじ

■企画・編集／埼玉新聞社
■取材協力・資料提供／気象庁、熊谷地方気象台、国土交通省水管理・国土保全局、埼玉県危機管理防災部危機管理課
■参考文献／「彩の国だより2020年3月号・6月号」「イツモ防災」（埼玉県危機管理防災部危機管理課）

自然災害から命を守る

水害は「予測できる災害」。避難行動を決めておく

地震とは異なり、台風や集中豪雨は「いつ来るか」を事前に知り、「どれくらいの災害になるか」をある程度予測することができます。風水害対策のキーワードは、「事前の確認」「情報入手」「早めに避難」です。

台風・豪雨災害　河川の氾濫

① 事前の確認

「ハザードマップ」などで自宅周辺の災害リスクを調べる

「この川が氾濫すると水はどこまで行くのか」「土砂災害のリスクが高い場所はどこか」など、自分が住む地域ではどのような災害が予想されているのかを把握しておきましょう。いざという時に必ず役立ちます。

MEMO　ハザードマップとは

地域で起こりうる自然災害の被害を予測した防災マップのことで、それぞれの市町村が作成しています。

① 河川の氾濫による洪水
② 下水道から水があふれるおそれ
③ 土砂災害（崖くずれや地すべり）

※すべての市町村で作成しているわけではありません

国土交通省　ハザードマップ　検索

MEMO　洪水浸水想定区域図とは

浸水想定区域、浸水深、浸水継続時間を示したもの。洪水浸水想定区域に指定された市町村は「洪水ハザードマップ」の作成が義務付けられています。

埼玉県　洪水浸水想定区域　検索

複数の避難場所と避難経路を確認しておく

「いつ、どこに避難するか」……公共の避難所に加えて、親戚・知人宅なども選択肢に入れてください。目指していた避難所が定員オーバーだったり、道路が寸断されて、たどり着けない場合もあります。避難先の選択肢をできるだけ増やし、状況に応じて最適な場所に避難できるよう、家族で事前に決めておくことが重要です。

② 情報入手

正確な情報をいち早く入手することが、迅速かつ的確な避難行動につながります。テレビやラジオだけではなく、パソコンや携帯電話からも情報収集できるよう準備しておきましょう。

P8「正確な情報収集方法」をご参照ください

❸ 早めに避難

お住まいの市町村から「警戒レベル3」または「警戒レベル4」が発令されたら、速やかに避難してください。また、「避難勧告」などが発令されていなくても、危険だと感じた場合は避難行動を開始してください。重要なことは、「安全なうちに避難を終えること」です。

☞ P10「どうする？コロナ禍での避難」参照

おすすめ マイ・タイムライン　マイ・タイムライン作成例はこちら

❶〜❸を踏まえ、水害の危険性が高まった時にとる自分自身の行動を、時系列に沿って整理しておく「マイ・タイムライン」の作成をおすすめします。

暴風・浸水対策も早めに！
その他の注意点

1 暴風雨に備える

- 窓や雨戸はしっかりカギをかける
- 窓ガラスのひび割れや、窓枠のがたつきは補強しておく
- 屋外の植木鉢や物干し竿は、室内に移動するか、固定しておく
- 側溝や排水溝を掃除し、水はけをよくしておく

2 床上・床下浸水に備える

- 貴重品や備蓄品（飲料水や食料品）は、2階など高い場所に移動しておく
- 感電やショートの危険性があるので、コンセントを抜いておく
- 河川や用水路は増水すると道路と区別がつきにくく、転落の危険がある。様子を見に行くのは厳禁！

3 外出している場合の注意

- 河川や用水路、低い場所から離れる
- 冠水した道路は、側溝やマンホールのふたが外れていても見えないので十分注意する
- 立体交差のアンダーパスは、水がたまりやすいので通行しない
- 地下街・地下鉄は、地上から水が流れ込む危険性があるので注意する

土砂災害

河川の氾濫に加え、土砂災害にも注意してください。
「土砂災害警戒区域」として県内38市町村5,224ヶ所が指定されています。うち4,502ヶ所は「土砂災害特別警戒区域」です。「土砂災害＝山間部」と思わないでください。都市部でも土砂災害は発生するのです。

	前兆現象	備考
土砂くずれ 崖くずれ	斜面に亀裂が入る	斜面の弱い部分に負荷がかかり、崩れやすくなっていると思われる
	小石がパラパラと落ちてくる	
	崖から音がする	
土石流	山鳴りや立木の裂ける音がする	上流で山くずれが起きているかも。増水した川の水とともに、くずれた土砂が押し寄せてくる危険あり
	石がぶつかる音がする	
	土臭い、焦げ臭い、酸っぱいにおいがする	
地すべり	山腹や地面にひび割れができる	斜面の表層がまるごとすべり落ちる現象が「地すべり」。山間部だけでなく、都市部の斜面でも起こる危険性がある
	斜面や地面から水が噴き出す	
	電柱・樹木・家が傾き、家鳴りがする	

竜巻

2020年7月25日 夜
三郷市で竜巻発生

1 前兆に注意

- 激しい雷雨や雹（ひょう）が降りはじめる
- あたりが急に暗くなり、冷たい風が吹いてくる
- ゴーッとジェット機のような音が聞こえる
- 雲の底から地上に向かって、ろうと状の雲が伸びてくる
- 気圧の変化で耳に異状を感じる など

2 屋外にいる時

- コンクリートなどの頑丈な建物に入る
- 頑丈な構造物の陰や側溝に入って身を伏せ、バッグなどで頭を保護する
- 車庫や物置、プレハブ、電柱や樹木には近寄らない

3 屋内にいる時

- 飛散物で窓ガラスが割れることが多い。雨戸、窓、カーテンを閉める。
- 窓やドアから離れ、建物1階の中心部に移動する
- 机やテーブルの下、空の浴槽の中で身を伏せ、座布団などで頭を守る

逃げ遅れゼロへ!!
警戒レベル④で全員避難!!

2019年6月より、水害・土砂災害の防災情報の伝え方が変わりました。
気象庁あるいは市町村が、「警戒レベル」で住民の皆さんに避難を呼びかけます。

詳しくは
内閣府　避難勧告　検索

発令された警戒レベルに従って、早めの準備・行動を!

警戒レベル	発令地域の住民のとるべき行動
警戒レベル 5	すでに災害が発生している状況。命を守るための最善の行動をとる。
警戒レベル 4	**全員避難** 速やかに避難を! 公的な避難場所までの道のりが危険な場合は、近くの安全な場所や、自宅内のより安全な場所に避難する。
警戒レベル 3	**高齢者等は避難** 避難に時間がかかる人（高齢者、障がいをもった人、乳幼児）とその支援者は避難を開始する。それ以外の人は避難の準備を始める。
警戒レベル 2	避難に備え、ハザードマップ等により自分の避難行動を確認する。
警戒レベル 1	災害への心構えを高める。

Q. 避難情報はどのように伝えられるの?

A. 市町村から避難情報が発令された場合には、テレビやラジオ、インターネットなどのほか、防災行政無線や広報車などで伝達されます。

発令の際には、このように呼びかけます。 一例です

緊急放送、緊急放送! 警戒レベル4 避難開始!
緊急放送、緊急放送! 警戒レベル4 避難開始!
こちらは○○○市です。

○○地区に洪水に関する警戒レベル4、避難勧告を発令しました。
□□□川が、氾濫するおそれのある水位に到達しました。

○○地区の方は、全員すみやかに避難を開始してください。
避難場所への避難が危険な場合は、近くの安全な場所か、
屋内の高いところに避難してください。

警戒レベルと、とるべき行動を端的に知らせます。

避難勧告の発令と、災害の危険が迫っていることを知らせます。

とるべき行動を指示します。

命を守るのは「自分」です。

危険が間近に迫っているときに、行政が一人一人を助けに行くことはできません。
非常時に必要なのは、「自分の命は自分で守る」という意識です。

積極的に**情報**を集める
→ 早めの避難**準備**を
→ 早めの避難**行動**へ

「いまどんな被害が出ているのか」
「これからどのような事態が予想されるのか」…
災害発生時は、できるだけ早く情報を集めることが重要です。デマや風評に惑わされず、思い込みで行動することなく、正確な情報を基に行動してください。

スマートフォンのおすすめアプリ

埼玉県防災アプリ まいたま防災

いざという時に役立つ災害情報に加え、防災情報も充実している

Yahoo! 防災速報

登録した3ヶ所と、今いる場所の災害情報を通知してくれる

雨雲レーダー／気象庁レーダー

知りたい場所の、時間ごとの雨雲の動きなどを知ることができる

国交省推奨
遠方から命を守るアプリ 逃げなきゃコール

離れて暮らす大切な人のために

2年前の西日本豪雨後に行われた調査で、実際に**避難する行動の後押し**になったのは、防災無線などよりも、**近所の人や家族の呼びかけの影響が大きかった**ことが示されました。
このことから国交省は、離れて暮らす家族・親族に避難を呼びかけられるアプリ「逃げなきゃコール」を推進しています。

使い方

1 アプリをダウンロードし、両親や祖父母、親戚などが住む地域を登録する

 登録

2 登録した地域の災害情報をどこにいてもスマホで受け取れる

 情報　○○地域で警戒レベル3発令

3 離れた人に電話等で避難を促すことができる

おばあちゃん、今のうちに小学校に避難して！

効果 実際の避難行動につながりやすい

地 震

| 埼玉県　市町村地震ハザードマップ | 検索 |

●各市町村の地震ハザードマップリンク集です

| 気象庁　地震情報 | 検索 |

●地震の発生場所（震源）や、規模（マグニチュード）、震度1以上を観測した地点の情報を提供

気 象 等

| 埼玉県防災情報メール | 検索 | 事前登録が必要です

●登録された携帯電話などに避難勧告などの緊急情報や気象情報、避難所開設情報などをメールで配信

| レーダー・ナウキャスト | 検索 |

●気象庁が発表する降水、雷、竜巻の分布予測（5分ごと・60分先まで）

| エックスレイン | 検索 |

●XRAIN 高性能レーダー雨量計ネットワーク
　1分ごとに、最小範囲250m四方の雨量情報を表示

| 気象庁　気象情報　注意報 | 検索 |

●全国各地の気象情報、注意報を発表。警報・注意報の種類（大雨、暴風など）や都道府県、市町村に絞って閲覧できます

| 熊谷地方気象台 | 検索 |

●気象庁などから提供される情報を、目的別に整理したリンク集

洪 水

| 埼玉県　川の防災情報メール | 検索 | 事前登録が必要です

●知りたい地域の河川氾濫注意水位情報や土砂災害警戒情報などをメールで配信」

| 土砂災害警戒情報システム | 検索 | 事前登録が必要です

●地区ごとの土砂災害の発生リスクを提供。避難場所や避難経路を決めるときなどに、事前チェックを

交 通

| 日本道路交通情報センター | 検索 |

●知りたい地域の渋滞や交通規制などの道路情報を得られます

| 鉄道運行情報 | 検索 |

●全国の鉄道情報（運休・遅延など）を路線別に検索できます

健康は、ひとりでガマンしたり、がんばってつくるものだと思っていませんか？

健康寿命という言葉が盛んに言われるように、
健康でいることは、人生を輝かせるうえで
ますます重要になってきています。

しかしながら、健康に良い活動は、
ひとりでは、なかなか続けるのが難しいものです。

健康を、みんなでもっと楽しく、続けやすいものに。
それが明治安田生命の「みんなの健活プロジェクト」。

MYライフプランアドバイザーが対面で、
お客さまの健康の維持・改善に向けた取組みをサポート。
その中で、Jリーグとの協働による参加しやすい運動の機会や、
最新の健康チェックの機会もご案内。
そして、毎年の健康診断の結果に基づく
「MY健活レポート」によるアドバイス、
結果に応じてメリットを受けられる保険商品を通じて、
みなさまの健康づくりを前向きに応援していきます。

健康を、いっしょに育てよう。

みんなの
健活
プロジェクト

健康を「知る」 — 健康を「つくる」 — 健康を「続ける」

明治安田生命

みんなの健活 [検索]

明治安田生命埼玉本部は埼玉県のみなさまの健康増進のお手伝いをいたします

■ 浦和支社
〒330-0063
さいたま市浦和区高砂 2-14-18
浦和高砂センタービル 5F
(代) 048-829-2745

■ 大宮支社
〒330-0844
さいたま市大宮区下町 1-45
松亀センタービル 6F
(代) 048-643-0861

■ 川越支社
〒350-1123
川越市脇田本町 24-19
明治安田生命川越ビル 2F
(代) 049-245-4311

■ 所沢支社
〒359-0037
所沢市くすのき台 3-18-3
第2リングスビル 3F
(代) 04-2997-7627

■ 越谷支社
〒340-0015
草加市高砂 2-9-2
アコス北館 N ビル 2F
(代) 048-920-7851

■ 熊谷支社
〒360-0042
熊谷市本町 2-93
明治安田生命熊谷ビル 2F
(代) 048-523-1321

どうする？コロナ禍での避難

水害時の避難のポイントは、第一に「安全なうち（風雨が激しくなったり冠水する前）に避難を終える」です。また、親戚や知人宅、ホテルなども「避難候補地」にしておくことも重要です。新型コロナウイルスなどへの感染リスクを軽減することに加え、避難先の選択肢が多い方がより安全に避難できるからです。

ただし、「新型コロナの感染を避けたい」という理由で避難所をためらうのは危険です。他に選択肢がない場合は迷わず避難所に移動してください。

❶ どこに避難すればよいか？

親戚・知人宅なども候補にする

日頃の準備として、「自宅以外の避難先」を複数用意しておくことが重要です。いざという時に選択肢が多い方がより安全に避難できます。

まずは…
「洪水ハザードマップ」などで自宅の危険度を調べる

国土交通省
ハザードマップ

新型コロナウイルスやインフルエンザなど感染症の流行状況、自身の体調、避難先の家族構成（高齢者の有無）などを勘案して判断

たとえば
①親戚・知人宅
②ホテル・旅館
③自家用車の車中※
④避難所

危険度高い →

避難所以外に選択肢がない場合
避難所へ移動

※避難所の駐車場など安全な場所に駐車できる場合

危険度低い →
自宅で避難

❷ 自宅避難の注意点

電気・ガス・水道などのライフラインが途絶えても、「避難勧告」が発令されておらず、家屋の倒壊の危険がない場合は、避難所に向かわず自宅で復旧を待つ方が良いとされています。

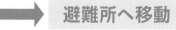

垂直避難

2階で避難する。土砂災害の可能性がある場合は、山側と反対の部屋で避難する。

備蓄品を準備

飲料水や食料品、簡易トイレ、非常持ち出し品等を2階に移動する。

 P20「水・食料・必需品を備える」参照

情報収集の手段を確保

テレビ、ラジオ、パソコン、携帯電話、充電器などを準備しておく。　 P8「正確な情報収集方法」参照

❸ 自宅以外で避難する場合の注意点

乗り物は使わず、歩いて避難する

避難所等への移動はスニーカータイプの脱げにくい運動靴を履きましょう。長靴は水が入ると重く歩きづらくなります。

歩くのが困難な場合は、自宅にとどまる

くるぶし以上の冠水がある場合は、水圧でマンホールのふたがはずれていても分からなかったり、道路と側溝の見分けがつかないなど、非常に危険です。避難所等への移動中に亡くなった方が少なくありません。無理な移動はやめ、自宅で救助を待ちましょう。夜間の移動も十分に注意を払ってください。

ガスの元栓を閉め、電気のブレーカーを落とす

ガス漏れや漏電火災・通電火災を防ぐため、ガスの元栓を閉め、電気のブレーカーを落としてから避難所等へ移動しましょう。

避難所にない物を持っていく

避難所には大抵の場合、飲料水や食料、トイレは揃っています。日頃から「自分や家族にとって必要なものは何か」を考え、いざという時にすぐに持ち出せるように準備しておきましょう。
特に服用している薬や、アレルギー対応の食物などは、一日でも欠かすと命や健康を損なう恐れがあります。必ず持参してください。

―― 避難時の服装 ――

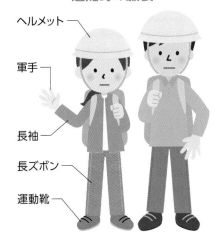

ヘルメット
軍手
長袖
長ズボン
運動靴

※必要に応じて、マスクを着用してください
※雨具はカッパを着用してください。
　傘の使用は危険です。

● 非常持出し品をリュックなどに入れ、取り出しやすい場所（玄関収納など）に準備しておきましょう。
● 動きやすいリュックの重さは、男性で15kg、女性で10kg程度が目安です。

● 普段必要としているもの

	服用している薬
	処方せん・おくすり手帳
	アレルギー対応の食物
	メガネ・コンタクトレンズ
	入れ歯・補聴器
	生理用品

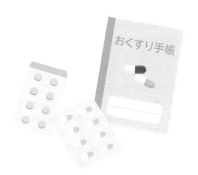

● 乳児がいる場合

	粉ミルク・液体ミルク
	哺乳びん
	離乳食
	紙おむつ・おしりふき
	おぶいひも

● 要介護者がいる場合

	障害者手帳
	服用している薬
	処方せん・おくすり手帳
	紙おむつ
	補助具など

● 新型コロナ感染対策

	マスク
	アルコール消毒液
	ウエットティッシュ
	歯ブラシ（マウスウォッシュ）

地震

マグニチュード7クラスの首都直下地震が起こる確率

政府の地震調査研究推進本部は「南関東でマグネチュード7程度の地震（首都直下地震）が30年以内に起こる確率は70%程度」と発表しました。
地震はいつ発生するか分かりませんが、「日ごろの備え」を重視しその時に適切な行動をとることができれば、被害を最小限にとどめることができます。

液状化　被害予測

表層地盤の砂層の状況や地下水位を考慮して、液状化の可能性を予測しました。液状化しやすい場所は、揺れがそれほど大きくなくても警戒が必要です。

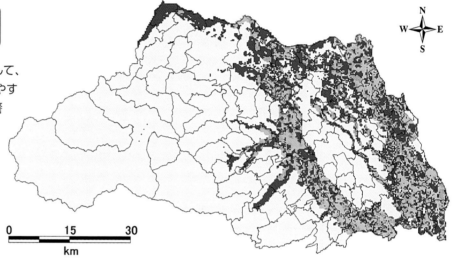

相対的な液状化しやすさ
- ■ 液状化しやすい
- ↑
- ↓
- 液状化しにくい

0　　　15　　　30
km

📎 MEMO　地盤の液状化

川が運んだ土砂が堆積してできた「砂地盤」などが、地震の激しい揺れにより、まるで液体のように一時的にやわらかくなり、建物などを支える力を失う現象を「液状化」といいます。

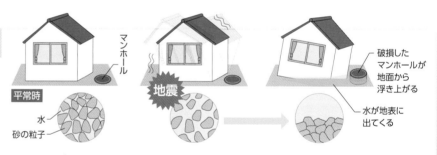

マンホール
平常時
水
砂の粒子

地震

破損したマンホールが地面から浮き上がる
水が地表に出てくる

砂地盤が激しく揺さぶられることで、砂のかたまりがバラバラになり、水に浮いた状態になる。

その後、砂の粒子が沈み、地表に水が出てくる。

建造物　被害予測

揺れ、液状化による木造建物と非木造建物の全壊棟数・半壊棟数を予測しました。揺れによる被害は、震度と建物構造・建築年代に応じた被害率との関係を用いて予測。液状化による被害は、液状化の可能性の大きさから被害率を推定し、予測しました。

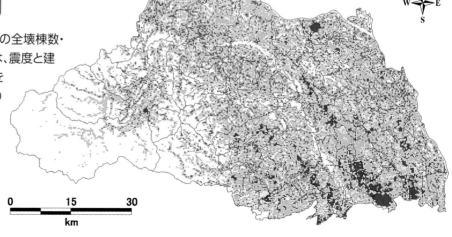

棟数
- ■ 200 －
- 100 － 200
- 50 － 100
- 20 － 50
- 10 － 20
- 0 － 10
- □ 0

0　　　15　　　30
km

最大震度・人的被害 　被害予測

(埼玉県提供資料を基に埼玉新聞社が作成)

いくつかの仮説を積み重ねて算定した被害予測につき、想定した地震と同じ地震が必ず起こるとは限りません。また、各市町村の被害が算定通りにならないこともあります。

表の見方

最大震度予測　　最大震度の原因と考えられる地震

6弱〔東〕〔茨〕〔元〕〔関北〕

断層帯の破壊開始地点（想定）　※右の図参照

地震の略称

〔関〕関東平野北西縁断層帯地震
〔東〕東京湾北部地震　〔茨〕茨城県南部地震
〔元〕元禄型関東地震　〔立〕立川断層帯地震

断層帯の破壊開始地点（想定）

関東平野北西縁断層帯地震　　茨城県南部地震

立川断層帯地震

東京湾北部地震

元禄型関東地震

想定地震の断層位置図

市区町村		最大震度予測	人的被害予想（人）	
			死者数	負傷者数
さいたま市	西 区	7〔関〕	72	593
	北 区	7〔関〕	32	340
	大宮区	6強〔関〕	13	202
	見沼区	6強〔関〕	11	200
	中央区	6強〔関〕	7	106
	桜 区	6強〔関〕	13	221
	浦和区	6強〔関〕	2	63
	南 区	6強〔東〕	18	282
	緑 区	6強〔関〕	2	48
	岩槻区	6強〔関〕	6	152
川 越 市		7〔関〕	215	1,697
熊 谷 市		7〔関〕	284	1,953
川 口 市		6強〔東〕	288	2,838
行 田 市		7〔関中〕	180	1,113
秩 父 市		6強〔関北〕	1	21
所 沢 市		6強〔立〕	65	857
飯 能 市		6強〔立北〕	8	174
加 須 市		6強〔関〕	30	509
本 庄 市		7〔関〕	369	1,629
東松山市		7〔関〕	293	1,446
春日部市		6強〔茨〕〔関北南〕	54	661
狭 山 市		6弱〔関〕〔立〕	10	304
羽 生 市		6強〔関中南〕	56	1,138
鴻 巣 市		7〔関〕	415	2,163
深 谷 市		7〔関北〕	342	1,393
上 尾 市		7〔関〕	320	1,852
草 加 市		6強〔東〕	68	990
越 谷 市		6強〔東〕〔茨〕	57	798
蕨 市		6強〔東〕	26	219
戸 田 市		6強〔東〕	64	451
入 間 市		6強〔立〕	53	641
朝 霞 市		6強〔東〕	9	249
志 木 市		6強〔関中〕〔立北〕	7	115
和 光 市		6強〔東〕	9	161
新 座 市		6弱〔東〕〔関〕〔立〕	3	131
桶 川 市		7〔関〕	194	1,123

市町村	最大震度予測	人的被害予想（人）	
		死者数	負傷者数
久 喜 市	7〔関南〕	28	403
北 本 市	7〔関〕	407	1,727
八 潮 市	6強〔東〕	36	548
富士見市	6強〔東〕〔関〕〔立北〕	8	209
三 郷 市	6強〔東〕	42	402
蓮 田 市	6強〔関〕	48	449
坂 戸 市	7〔関〕	68	701
幸 手 市	6強〔茨〕	3	84
鶴ヶ島市	6強〔関〕	11	194
日 高 市	6弱〔関〕〔立〕	3	87
吉 川 市	6弱〔東〕〔茨〕〔元〕〔関北〕	2	50
ふじみ野市	6強〔関〕	18	306
白 岡 市	6強〔関〕	7	124
伊 奈 町	7〔関北南〕	43	353
三 芳 町	6弱〔東〕〔関〕〔立〕	1	37
毛呂山町	6強〔関〕	15	210
越 生 町	6強〔関〕	8	91
滑 川 町	6強〔関〕	27	178
嵐 山 町	6強〔関〕	71	424
小 川 町	7〔関中南〕	36	224
川 島 町	7〔関〕	180	748
吉 見 町	7〔関〕	111	432
鳩 山 町	6強〔関〕	10	84
ときがわ町	6強〔関〕	9	86
横 瀬 町	5強〔関〕〔立〕	0	2
皆 野 町	6強〔関〕	3	48
長 瀞 町	6強〔関中〕	6	82
小鹿野町	6弱〔関〕	0	3
東秩父村	6強〔関〕	1	12
美 里 町	7〔関〕	135	526
神 川 町	7〔関北〕	25	155
上 里 町	6強〔関〕	36	280
寄 居 町	7〔関〕	159	621
宮 代 町	6弱〔茨〕〔関〕	1	51
杉 戸 町	6強〔茨〕〔関中〕	4	80
松 伏 町	6強〔茨〕	4	65

地震発生！
その時、どうする？

1 まずは身の安全を確保する

- 大きな揺れを感じたら、テーブルや机の下に入り、落下物から体を守ります。
- 近くにテーブルなどがない場合は、座布団やバッグなど手近なもので頭を保護します。
- 転倒しないように、手すりや柱につかまり体を安定させます。何もない場合は床によつんばいの姿勢に。

2 揺れが収まってから、火の始末をする

- 揺れが大きい場合は無理に動かず、揺れが収まってから火を消し、ガスの元栓を閉めます。
- 火災になりかけていたら、落ち着いて消火器などで初期消火を。大声を出して周囲に助けを求めます。

3 出口を確保する

- ドアや窓を開けて出口を確保します。

4 あわてて外に出ない

- 窓ガラスや屋根瓦などが上から落ちてくることがあるので、あわてて外に飛び出さないようにします。
- 火が消えたことを確認し、出口を確保したら、テレビやラジオなどで情報収集します。

5 落ち着いて、外へ避難する

- 建物が倒壊する危険がある場合は、屋外に避難します。
- 通電火災を防ぐため、必ず電気のブレーカーを落とします。

通電火災とは… 災害で停電した状態から電気が復旧した際に、損傷した電気製品やコードなどがショートすることで起こる火災のことです。

レバーを「切」にする

電車の中にいたら

- 急ブレーキに備えて、手すりやつり革につかまります。乗客の将棋倒しや、網棚の荷物の落下に注意します。
- 停車した電車の外に勝手に出るのは厳禁！ アナウンスを待ちます。

車を運転中だったら

- 徐々にスピードを落として道路の左端に停車します。急ブレーキ・急ハンドルは危険です。
- 車をその場に残し、歩いて避難する場合は、車のキーは付けたままにします。
- 車内に連絡先を書いた紙を残し、車検証など重要書類は持って避難します。

スーパーなど、店舗の中にいたら

- 陳列された商品の落下や棚の転倒に注意し、バッグなどで頭を保護します。
- アナウンス、係員の指示に従い、落ち着いて行動します。

屋外にいたら

- ブロック塀や電柱、自動販売機など倒れやすいものから離れ、ガラス片や壁材など、建物からの落下物に注意します。
- バッグなどで頭を保護しながら、安全な広場などに避難します。

エレベーターの中にいたら

- 揺れを感じたら、すべての階のボタンを押して、最初に止まったフロアで降り、階段で避難します。
- 閉じ込められた場合は、非常ボタンを押して外部に救助を求めます。（停電の場合でも非常灯がつくので、落ち着いて救助を待ちましょう）

就寝中の場合は

- 布団や枕で身体を守り、揺れが収まるのを待ちます。
- 倒れた家具や割れたガラスに注意して、出口に移動します。
- 建物が倒壊するおそれがある場合は、屋外に避難します。

就寝中に地震が発生した場合に備えて、家族それぞれが枕元に準備を。ひとつにまとめて、停電時の暗闇でもすぐ手にとれるところに置いておきましょう。

懐中電灯
夜間に停電した場合に備えて

スニーカー
がれきが散乱した家から脱出するため

ホイッスル
身動きがとれないとき、外部に助けを求めるため

携帯電話

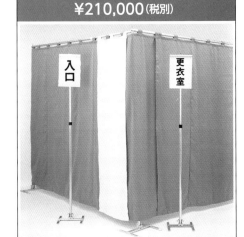

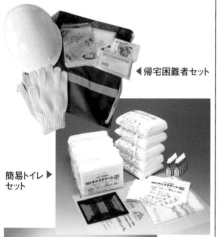

おとなから伝えたい

子どもたちを守る

 保護者のみなさんへ

お子さんが、おとなと一緒でないときに地震が起きる場合もあります。そんなときにはどうすればいいか、このページを見ながらお子さんにお話ししてください。

学校（がっこう）にいたら

先生（せんせい）のいうこと、校内放送（こうないほうそう）をよくきく
にげるとき、まわりのひとをおさない

● 教室（きょうしつ）など／つくえの下（した）にもぐり、つくえの足（あし）をしっかりにぎる。
ピアノ、大（おお）きなたな、本（ほん）だなからはなれる。
● ろうか・階段（かいだん）／げたばこやロッカーからはなれ、
近くの教室（ちか　きょうしつ）のつくえの下（した）にもぐる。
● 屋上（おくじょう）／屋上（おくじょう）のまんなかにあつまる。
● 校庭（こうてい）／たてものやブロックべいからはなれ、
校庭（こうてい）のまんなかにあつまる。

登下校中（とうげこうちゅう）など、家（いえ）のそとにいたら

たおれるもの、おちてくるものに ちゅうい

● ブロックべい、自動販売機（じどうはんばいき）、電柱（でんちゅう）などに近（ちか）づかない。
● かばんを頭（あたま）にのせ、上（うえ）からおちてくるもの（お店のかんばん、
まどガラス、やねがわらなど）から身（み）をまもる。
● きれた電線（でんせん）には、ぜったいにさわらない。

マンションや大（おお）きなお店（みせ）にいたら

エレベーターなどはダメ　階段（かいだん）でにげる

● お店（みせ）では、たなからはなれて、おちてくるものにちゅういする。
● 店内放送（てんないほうそう）や、お店（みせ）のひとのいうことをよくきいて、ひなんする。
● エレベーター、エスカレーターはつかわずに、階段（かいだん）でひなんする。

16

災害時でもつながりやすい
公衆電話を使ってみよう

- 公衆電話は、災害時でも比較的つながりやすい特長があります。
- 通話回線を通じて電力が供給されているため、停電時でも使えます。
- 災害時は無料で通話できます。（入れた硬貨等が戻ってきます）

保護者のみなさんへ

- お子さんに公衆電話の使い方を教えてあげてください。平常時、実際に公衆電話を使って電話をかけてみましょう。
- お子さんの行動範囲（自宅周辺・学校・塾・公園・友だちの家など）のどこに公衆電話があるか、お子さんと一緒に確認しておきましょう。

公衆電話がある場所を、住所や駅名、キーワードなどから絞り込み検索できます　　公衆電話　東日本　検索

デジタル公衆電話	使用方法	アナログ公衆電話
液晶ディスプレイがあるのが特徴です 		赤いランプがあるのが特徴です  
受話器を上げ、硬貨またはテレホンカードを入れ、電話番号を押します。	**平常時**	受話器を上げ、硬貨またはテレホンカードを入れ、電話番号を押します。
硬貨やテレホンカードは、いりません。受話器を上げ、そのまま110番等を押します。	**緊急通報の時** **110** 警察 **118** 海上保安 **119** 消防、救急	硬貨やテレホンカードは、いりません。受話器を上げ、緊急通報ボタンを押したあと、110番等を押します。
液晶ディスプレイが消えていますが、基本的に平常時と同じ。ただし、テレホンカードは使えません。※1	**停電になった時**	赤いランプが消えていますが、基本的に平常時と同じ。ただし、テレホンカードは使えません。
硬貨やテレホンカードは、いりません。受話器を上げ、そのまま電話番号を押します。※2	**災害が発生した時**	受話器を上げ、硬貨またはテレホンカードをいったん入れ、電話番号を押します。通話終了後、硬貨等はそのまま返却されます。

※1　1ヵ所に複数台設置されている場合、停電時に稼働していない電話機もあります。
※2　デジタル公衆電話機はバッテリを搭載していますが、バッテリ消耗後は硬貨も使用できなくなります。

命を守る3つの自助

1 家の中を安全に（家具の転倒防止）

首都直下地震では、家屋の損傷や家具が倒れることにより、多くの被害が出ると予測されています（☞P12参照）。こうした被害を少しでも減らすために、ふだんから家の安全対策をしておきましょう。

1 背の高い家具を固定する

● 地震の揺れで倒れないように、転倒防止器具などで固定します。

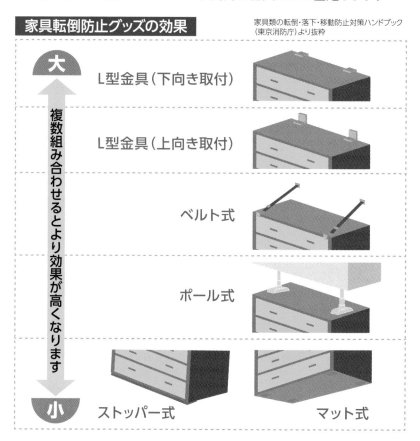

家具転倒防止グッズの効果

家具類の転倒・落下・移動防止対策ハンドブック
（東京消防庁）より抜粋

大　←複数組み合わせるとより効果が高くなります→　小

- L型金具（下向き取付）
- L型金具（上向き取付）
- ベルト式
- ポール式
- ストッパー式
- マット式

● 家具は、もし倒れても出入口をふさがないように、また寝ている場所に倒れないように配置しましょう。

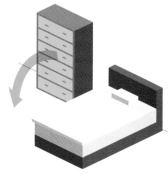

♡MEMO　埼玉県家具固定サポーター

埼玉県が実施する家具の固定を専門家に依頼できる制度です。県内全世帯が対象。相談・見積もり無料。施工した場合は有料となります。

埼玉県　家具固定　検索

2 物の落下を防止する

- 高い家具の上に物は置かないようにしましょう。
- 収納棚は、上のほうに軽いもの、下のほうに重いものを収納しましょう。
- 吊るすタイプの照明器具は、ワイヤーで天井に固定するか、天井に直付けするタイプに交換しましょう。

ワイヤー

3 置き型の家具・家電を固定する

- テレビ本体が倒れないように、専用のベルトなどで台と固定しましょう。
- すべり止め粘着シートを敷き、家電等がすべって飛び出さないようにしましょう。

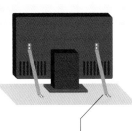

専用固定ベルト

すべり止め
粘着シート

4 ガラスの飛散を防ぐ

- ガラスが割れた場合に備えて、飛散防止フィルムを貼っておきましょう。
- 窓は就寝時はもちろん、昼間でもレースのカーテンがあると、割れたガラスが飛び散りにくくなります。

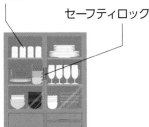

飛散防止フィルム
セーフティロック

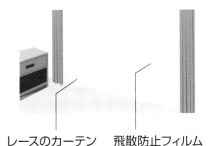

レースのカーテン　飛散防止フィルム

- 食器棚等のガラス扉が揺れで開かないように、セーフティロックを付けておきましょう。

おすすめ **イツモ防災** (埼玉県発行)

家庭で取り入れやすい備えをわかりやすく4編にまとめてあり、埼玉県のHPからそれぞれダウンロードできます。

①命を守る3つの自助編
②家庭における災害時のトイレ対策編
③風水害・土砂災害編
④自宅サバイバル編

命を守る3つの自助

2 水・食料・必需品を備える

重要 ▶ 飲料水を備蓄　　　　　　　家族人数 × 7日分

飲料水は、1人あたり1日3ℓ必要です。市販のペットボトル入りの飲料水を7日分
用意しておくと安心です。家族人数分の数量を計算して備蓄してください。

1人あたり 1日の必要量	家族の人数		備蓄必要量
3ℓ ×	人	× 7日分 =	ℓ

〔例〕4人家族なら、3ℓ×4人×7日分で、84ℓが必要となります。

重要 ▶ 携帯トイレ（簡易トイレ）を準備　　家族人数 × 7日分

水道・下水が使えない状態で自宅避難する場合、最も苦労するのがトイレ。市販の携帯トイレまたは簡易トイレが必需品となります。家族が7日間使える枚数を用意しましょう。

携帯トイレ

断水などで使えなくなった便器などに、し尿をためる袋を設置して使います。吸水シートや粉末状の凝固剤が入ったタイプなどがあります。

1人あたり 1日の使用目安	家族の人数		備蓄必要量
約5回 ×	人	× 7日分 =	約　　　枚

〔例〕4人家族なら、約5回×4人×7日分で、約140枚が必要となります。

 節約型の備蓄量例　※吸収量とのかねあいがあります

大便…1人1日1回（1回ごとに交換）
小便…1人1日4回（3回使用ごとに交換）

家族4人	大便用　1枚×4人×7日＝28枚	合計 **65枚必要**
	小便用　4枚×4人×7日÷3＝37枚	

簡易トイレ

段ボール製などで手軽に持ち運び、組み立てができます。し尿をそのままためるもの、分離してためるものなどがあります。

重要 ▶ 生活必需品を準備　　　　　　家族人数 × 7日分

電気、ガス、水道の途絶えた自宅で7日間過ごすことを考えて、必要なものを揃えておきましょう。ここに挙げた基本的なもののほかに、各家庭ごとに必要なものを家族で話し合い、準備しましょう。

カセットコンロ・ガスボンベ	ボンベは1本で約65分使用可能	携帯ラジオ／乾電池
クーラーボックス・保冷剤	電気が止まったときに、冷蔵庫代わりに	筆記用具（メモ帳・油性ペンなど）
ラップ類	食器にしいて食事、洗う水を節約できる	粘着テープ
歯みがき用ウエットティッシュ	水なしで歯みがきできる	消毒用アルコール
LEDランタン	リビング、キッチン、トイレ用に3つ用意	ヘルメット・防災ずきん
携帯電話充電器	ソーラー充電タイプや手回し充電タイプを	ホイッスル

重要 ▶ 食料品を備蓄　家族人数 × 7日分

食料品は、火や水がなくても食べられる非常食のほか、ふだん食べなれている食品などもあわせて、7日分用意しておきましょう。備蓄方法は「ローリングストック法」がおすすめです。

↓ チェックしながらそろえていきましょう

✓	食　品	備　考
	レトルト食品	ごはん、おかゆ、カレー、パスタソース等
	缶詰	ツナ、コンビーフ、焼き鳥、魚介、煮豆、果物等
	乾パン・クラッカー・ビスケット	調理なしで食べられて便利
	即席麺・即席スープ・みそ汁	お湯だけで食べられて便利
	乾物	削り節、高野豆腐、味付け海苔、カットわかめ等
	ナッツ・ドライフルーツ	不足しがちなミネラル、食物繊維がとれる
	菓子(チョコレート、あめなど)	日常と同じ甘いものは、心の安定に役立つ
	野菜ジュース・果物ジュース	冷蔵庫が使えないので、飲みきれるパックか缶で
	常温保存できる野菜・果物	いも類、大根、にんじん、りんご、柑橘類、バナナ等
	調味料	塩、こしょう、砂糖、醤油、めんつゆ、マヨネーズ等

電気のない避難生活では…
冷蔵庫の中の食品から食べる

1～3日め
冷蔵庫の中の肉や魚など、いたみやすい物から食べましょう。

4～7日め
「ローリングストック法」で備蓄した食料品を食べましょう。

MEMO　ローリングストック法

備蓄している水や食品をしまったままにせず、定期的に食べて、減った分を買い足す方法です。新しい品を常に一定量ストックできる利点があります。

● 月に1～2回、消費期限の近いものから食べましょう。
● いろいろな非常食を食べて好みの味を探すなど、家族で楽しめる習慣に。

備える
ローリングストック
使った分だけ買い足す　日常で使う

命を守る3つの自助

3 家族で連絡方法を確認する

① 避難場所を、お互いに確認しておく

詳しくは
埼玉県　避難場所　検索

災害の時にどこに避難すればいいか、知っていますか？「避難場所はどこ？」と聞くと、お父さんは「○○中学校だよね」、お母さんは「○○小学校でしょ」と、異なる場所を答える家族が多いようです。
「住んでいる地域の避難場所」と「職場がある地域の避難場所」を確認しておきましょう。

● 決められた「避難場所」はどこ？
（ 住んでいる地域 ／ 職場がある地域 ）

● 「避難場所」までの道のり・所要時間は？

● 道のりに危険な箇所はある？

（ 土砂災害危険箇所・ブロック塀・古い建物・大きな看板
自動販売機・ガラス張りのビル・河川・用水路・橋など ）

 住んでいる地域の避難場所

家族で確認しあい、記入しておきましょう

 職場がある地域の避難場所

ふだんの散歩などで、避難場所まで実際に歩いてみるのがおすすめです。

家族と連絡がつかないとき、どうする？

災害発生直後は、電話がつながりにくくなります。
家族が離れている場合を想定して、万一の時の行動をあらかじめ決めておきましょう。

家族で話し合って、記入しておきましょう	
自宅が壊れていたら、どこに集合する？ 〔例〕○○公民館の避難所へ行く など	
行き先のメモはどこに残す？ 〔例〕自宅玄関ドアの内側に貼っておく など	
連絡手段はどうする？ 〔例〕災害用伝言サービスを使う など	
誰に伝言を頼む？ 〔例〕大阪のおじさん宅に連絡する など	

② 災害時の安否確認方法を知っておく

電話がつながりにくい災害発生直後でも、家族や知人の安否確認ができる「災害時伝言サービス」。以下の3種類の方法がありますので、複数使えるようにしておくと安心です。

固定電話・公衆電話・携帯電話から
1 災害用伝言ダイヤル171

自分のことを知らせたい
1. 171 をダイヤル
2. 音声ガイダンス ➡ 1 をダイヤル
3. 自宅の電話番号をダイヤル
4. メッセージを録音する（30秒まで）

相手のことを知りたい
1. 171 をダイヤル
2. 音声ガイダンス ➡ 2 をダイヤル
3. 相手の電話番号をダイヤル
4. メッセージが再生されます

● 電話番号1件あたり、メッセージを20件まで保管できます

MEMO 体験利用できます

災害用伝言ダイヤル（171）体験利用提供日
- 毎月1日、15日　正月3が日
- 防災とボランティア週間／毎年 1月15日（9:00）〜21日（17:00）
- 防災週間／毎年 8月30日（9:00）〜9月5日（17:00）

伝言保存期間：体験利用期間終了まで　　伝言蓄積数：電話番号あたり20伝言

スマートフォン・携帯電話から
2 災害用伝言版

▶ 公式メニューや専用アプリから「災害用伝言版」を選ぶ

自分のことを知らせたい
1. 「登録」を選択する
2. 自分の状態を選ぶ（無事です、被害がありますなど）
3. コメントを100文字まで入力できる
4. 「登録」を押して完了

相手のことを知りたい
1. 「確認」を選択する
2. 相手の携帯電話番号を入力する
3. 登録されたメッセージを閲覧する

インターネットから
3 災害用伝言版 web171

▶ インターネットから「災害用伝言版web171」にアクセスする

自分のことを知らせたい
1. 自分の電話番号を入力
2. 伝言を入力して「登録」をクリック

相手のことを知りたい
1. 相手の電話番号を入力
2. 「確認」をクリックして伝言を閲覧
3. 伝言に返信する場合、必要事項を入力して「伝言の登録」をクリック

！電話（音声）で安否確認ができる
災害用伝言ダイヤル

171 災害用伝言ダイヤル

は被災地の皆さまの安否を伝える声の伝言板です。

提供開始や録音件数など、提供条件についてはテレビ・ラジオ、NTT東日本公式ホームページなどでお知らせします。

ご利用方法

171 をダイヤル

録音は **1**	再生は **2**

被災地の方の電話番号を入力
※市外局番からダイヤルしてください

◎NTT東日本・NTT西日本の電話から伝言を録音・再生する場合の通話料は無料です。その他の事業者の電話、携帯電話やPHSから発信する場合の通話料の有無等については各事業者にお問い合わせください。なお、伝言の録音・再生に伴うサービス料は、無料です。
詳しくはホームページをご覧ください。
http://www.ntt-east.co.jp/saigai/voice171/

伝言情報（テキスト）の登録・確認ができる
災害用伝言板 web171

web171 災害用伝言板

web171 検索

http://www.ntt-east.co.jp/saigai/web171/

◎インターネット接続費用や通信料などはお客さま負担です。

お問い合わせは、局番なしの「116」へ
NTT東日本 埼玉事業部

NTT東日本

地域をくまなく歩き「防災マップ」を作成した

熊谷市奈良地区
住民が作る「地区防災計画」

住民総がかりで命守る備えを。

問われる地域の防災力──

熊谷市奈良地区。北に利根川、南に荒川があり、近くを福川が流れる。水が出れば一帯が水に浸かる土地柄だ。地区内には6自治会があり、約1,800世帯が暮らす。

2019年2月、「**奈良地区防災計画**」が市地域防災計画に採り入れられた。**市内初**のことだった。

「地区防災計画」は、主に自治会などの自主防災組織ごとに作成する。自治体が作る「地域防災計画」よりもきめ細かな地域単位で、**災害時の対応を住民主体で決めておく**。東日本大震災を契機に「**共助**」による地域の**防災力を高めよう**と制度化された。

だが、策定に手間がかかるなどの理由から、取り組みは思うように広がっていない。自主防災組織は全国に約16万7千あるが、19年4月までに市町村が作る防災計画に規定されたのは、827例にとどまっている(地方防災行政の現況・消防庁)。

奈良地区には自主防災会が8組織あり、計画策定委員会には自治会など24団体が参加した。「作業には時間と労力がかかるが、**その手間にこそ価値がある**」と、同委員会の委員長で、奈良自治会連合会会長の細田茂さんは計画策定作業を振り返る。

細田さんらは、まず計画策定マニュアルを作成。調査や訓練などを通して修正を加えていった。防災マップ作りでは地域をくまなく歩いて調査したほか、思わぬ発見もあった。アマチュア無線愛好家がいることが分かり、防災訓練に活用した。**アマチュア無線を使った安否確認の報告は市内初の試み**だったという。

25年前の阪神・淡路大震災では、救助された人の約8割が近隣住民によるものだったとされる。細田さんは言う。

「計画を作っただけでは意味がない。いかに実効性を高めるか。実は、**策定段階の手間が住民の防災意識を高め、地域のつながりを強くする**」

災害時、行政の助けは届かないかもしれない。今、地域の防災力が問われている。

本番さながらの地区合同
自主防災訓練(2018年)

写真提供／奈良自治会連合会

コロナ下での 防災対策
Coexist with COVID-19

健康管理推進協会の
フリーパーティション
避難所でのプライバシー確保

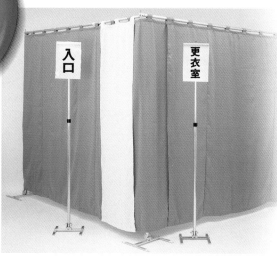

避難所で活用される「フリー
パーティション」。
東日本大震災では被災者の
更衣室や授乳室、健康相談
室として利用された

■ 自治体から問い合わせ急増

コロナ下でもし大地震が起こったら……。戸田市美女木の「健康管理推進協会」
が開発した「組み立て式ついたて（フリーパーティション）」が注目を集めている。

病院などでよく目にするカーテンのついたてを改良したもので、約9年前に商
品化。新型コロナの影響で"3密"（密閉・密集・密接）を避けつつ、避難所でのプライ
バシー空間も確保できるとして、自治体からの問い合わせが相次いでいる。

東日本大震災では被災者らの避難所生活が長期化し、精神面でも健康被害が問
題となった。同社の金杉友規宗社長は「避難所では顔も知らない人と隣り合わせ
で、その距離は数10cm程度。起き上がったら中が丸見えで、ストレスは相当なも
の」と話す。

■ コロナ対策の卓上仕切り板も開発

同社ではこのほか、新型コロナ対策としてウイルスの飛まつを防ぐ、三つ折り
タイプの大型間仕切り板「透明仕切り君」も開発。骨組みのパイプはアルミ合金製
で、重量は約4kg。一人でも持ち運びが簡単で、多少雑に扱っても壊れる心配がほ

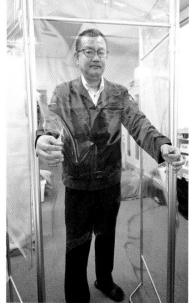

とんどない。

仕切りの高さは約180cmあり、内側に
入る人の三方がビニールシートで囲われ、
正面のシートのすき間から両腕だけを外
側に出すことができる優れものだ。開発担
当の後藤修一さんは「医療従事者がPCR検
査などでウイルスの飛まつ感染のリスク
を少しでも抑えることができれば。小型の
卓上板もあるので避難所の受付などで活
用してほしい」と呼びかけている。

問い合わせは、同社（TEL048・422・
3862）へ。

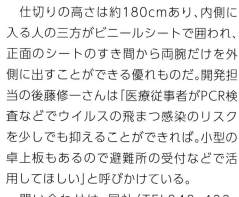

ウイルスの飛まつを避けるため、シートの
すき間から両腕だけを外側に出すことが
できる「透明仕切り君」のトールタイプ